Erman y ...   ... ol Fontane ...

Teniente Co... ... gorge Fontane.

Gabro M. ...nas

Gregoryo Mayo —

William Lloyd Glyn —

James Thomas

James Wagener

Heman Fasing

John Henry Jones

Zacharias Jones

Edward Ywo Bayelet

Evan Davies Pointo

John Owen ... nas

Ramon Calvo

Jenkins Richard —

Robert Jones Bedol —

Antonio Mujinos

Willi Thomas

Derbis

~~Fran...~~

Franco

Thomas Davies Aberystwyth —

John Thomas Jones Mon —

John Wyn

PATAGONIA

PATAGONIA

CROSSING THE PLAIN
CROESI'R PAITH

MATTHEW RHYS

Published in 2010 by Gomer Press, Llandysul,
Ceredigion SA44 4JL
www.gomer.co.uk

ISBN 9781848511972

A CIP record for this title is available from the
British Library

Book and jacket design: mopublications.com

This book is published with the financial support
of the Welsh Books Council.

Printed and bound in Wales at Gomer Press,
Llandysul, Ceredigion

Cyhoeddwyd yn 2010 gan Wasg Gomer, Llandysul,
Ceredigion SA44 4JL
www.gomer.co.uk

ISBN 9781848511972

Mae cofnod CIP o'r llyfr hwn ar gael gan y
Llyfrgell Brydeinig

Dylunio'r llyfr a'r siaced: mopublications.com

Dymuna'r cyhoeddwyr gydnabod cymorth ariannol
Cyngor Llyfrau Cymru.

Argraffwyd a rhwymwyd yng Ngwasg Gomer,
Llandysul, Ceredigion SA44 4JL

Para Trevor, en suy ley

To Trevor, according to his own law

I Trevor, yn ôl ei ddeddf ei hun

ACKNOWLEDGEMENTS

I am grateful to the following:

Ricardo Irianni, for everything;
Los Rifleros Del Chubut, for the trip of a lifetime;
Jorge W. Thomas, Omar Ixtassa and Eduardo
A. Miguens, for allowing me to join you;
Sonia Irianni, for bed, board and empanadas;
Hector Garzonio, for the horses;
Jorge Miglioli, Dougie Berwyn, Oscar Kansas Jones,
Nia Roberts and Marc Evans, for the photographs;
Stuart Pettican;
Luned Gonzalez;
Tegai Roberts;
Ceris Gruffudd;
Daniel Mayor;
Jeremy Wood;
Edi Dorian Jones;
Aigle;
Kakadu;

my family:
my mother, for her month's solid fretting that I
would be ambushed by Indians;
my father, for not;
my sister, for saving my skin, as usual;

Antony, Harri and Gwen.

CYDNABYDDIAETHAU

Rwy'n ddiolchgar i'r canlynol:

Ricardo Irianni, am bopeth;
Los Rifleros Del Chubut, am daith fwyaf fy mywyd;
Jorge W. Thomas, Omar Ixtassa ac Eduardo A.
Miguens, am adael i mi ymuno â nhw;
Sonia Irianni, am wely, bwyd ac empanadas;
Hector Garzonio, am y ceffylau;
Jorge Miglioli, Dougie Berwyn, Oscar Kansas Jones,
Nia Roberts a Marc Evans, am y ffotograffau;
Stuart Pettican;
Luned Gonzalez;
Tegai Roberts;
Ceris Gruffudd;
Daniel Mayor;
Jeremy Wood;
Edi Dorian Jones;
Aigle;
Kakadu;

fy nheulu:
i'm mam, am ofidio am fis cyfan y byddai Indiaid yn
ymosod arna' i;
i 'nhad, am beidio;
i'n 'whar, am achub fy nghroen, fel arfer;

Antony, Harri a Gwen.

CONTENTS

Foreword Ricardo Irianni   **Introduction** Matthew Rhys

Chapter 1 Knives   **2** To Begin...   **3** Vincent   **4** Arriving   **5** The Big Three   **6** Shoeing
7 The Miguens Boys   **8** Maté   **9** Trevor   **10** Lunch   **11** Nantlais   **12** Landscape
13 Crossing Fences   **14** Ronal Eibion Davies   **15** Back End of a Horse
16 Marc, Nia, Bucks   **17** Asado   **18** Oscar Kansas Jones   **19** Camping   **20** Journey's End

CYNNWYS

Rhagair Ricardo Irianni   **Cyflwyniad** Matthew Rhys

Pennod 1 Cyllyll   2 Dechrau   3 Vincent   4 Cyrraedd   5 Y Triawd Mawr   6 Pedoli
7 Y Brodyr Miguens   8 Maté   9 Trevor   10 Cinio   11 Nantlais   12 Tirwedd
13 Croesi Ffensys   14 Ronal Eibion Davies   15 Pen Ôl y Ceffyl   16 Marc, Nia, Bucks
17 Asado   18 Oscar Kansas Jones   19 Gwersylla   20 Pen y Daith

Plen Tomas, Colonia. " 16 de Octubre."

Colonial family/*teulu o ymsefydlwyr*, 'Colonia 16 de Octubre' (Cwm Hyfryd), Chubut
Department of Manuscripts and Archives, University of Wales, Bangor
Adran Archifau a Llawysgrifau, Prifysgol Cymru, Bangor

FOREWORD

In Chubut a natural affinity is felt with the foreigner who says 'I'm Welsh'; in Wales, the same feeling exists towards the Patagonian visitor. That reciprocal empathy has deep roots and a fascinating story behind it. Since its beginning in the mid-nineteenth century, the Welsh epic in Patagonia is more than the story of a group of European immigrants who cut through the Atlantic; it's an outstanding example of the triumph of the Christian faith, of confidence in one's own strengths, and of human capacity stretched to its limits, driven by the highest ideal. It's also a unique example of the peaceful integration of Europeans and American natives. The Welsh who chose Patagonia as their new home were ordinary men and women who decided to change their own individual stories and, unintentionally, they wrote one of the most brilliant pages that can be offered to the world about the history of European emigration to America.

Foustel de Coulanges explains in his book *La Ciudad Antigua* ('The Ancient City') that the Latin word '*patria*' ('country'), which means 'the land of our parents', once had a very different meaning from what we understand nowadays. In ancient times, the citizen owed his soul, his will and his life to his country. In a modern sense, Benjamin Franklin said that 'where freedom lives, there is my country'. When we study the story of the Welsh epic in Patagonia, we must consider that the Welsh were seeking freedom, the freedom they didn't have in the land of their parents. They wanted to progress spiritually and socially, maintaining their language and their customs, but exercising their civil liberties with dignity.

Therefore they set their eyes on Argentina, which since 1853 had opened its doors to immigration. The Welsh came to Patagonia in 1865 and they grew to live in peace and democracy in spite of the great difficulties that arose once again. This is a very important part of Wales's history, as it is of Argentina's history.

A glorious chapter in the Welsh story in Chubut is the 1885 expedition to the Andes in search of new lands to colonize. A group of expeditionaries known as *los Rifleros del Chubut*, led by governor Luis Jorge Fontana, connected the coast with the Andes and put these lands under Argentinian domain definitively.

The pages of this book are an eloquent document of the notable journey in 2005, in which the author participated, to commemorate that historic expedition.

Wales has a dear place in the heart of Chubut inhabitants, and Patagonia is a special place for any Welshman who knows something of his own history. To Welsh descendants in Patagonia, Argentina is the land of our parents and Wales is the land of our forefathers. It's difficult to imagine Patagonia without the Welsh.

Thank you Matthew Rhys Evans for sharing – in words and images – this intimate tribute.

Ricardo Irianni
Gaiman, February 2010

RHAGAIR

Yn Chubut, teimlir cynhesrwydd cynhenid tuag at y tramorwr sy'n datgan 'Rwy'n Gymro'; a'r un yw'r teimlad yng Nghymru tuag at ymwelydd o Batagonia. Mae i'r cydymdeimlad deuffordd hyn wreiddiau dwfn a hanes tra diddorol. Ers ei chychwyn cyntaf yng nghanol y 19fed ganrif, mae'r epig Gymreig ym Mhatagonia yn fwy na hanes grŵp o fewnfudwyr Ewropeaidd a groesodd Fôr Iwerydd; mae'n esiampl nodedig o fuddugoliaeth y ffydd Gristnogol, o hyder yn eich gallu eich hun, ac o'r modd y gellir gwthio'r gallu dynol i'r eithaf, o'i yrru gan y delfrydau uchaf. Mae'n esiampl unigryw hefyd o gydweithrediad heddychlon rhwng yr Ewropeaid a'r Americanwyr brodorol.

Mae Foustal de Coulanges yn esbonio yn ei lyfr *La Ciudad Antigua* ('Y Ddinas Hynafol') fod i'r gair Lladin '*patria*' ('gwlad'), sy'n golygu 'gwlad ein rhieni', ystyr wahanol i'r un a a ddeallwn ni erbyn heddiw. Yn y cyn-oesoedd, eiddo'r wlad oedd enaid, ewyllys a rhyddid pob dinesydd. Mewn cyfnod mwy modern, dywedodd Benjamin Franklin 'Ble bynnag y mae rhyddid yn byw, yno mae fy ngwlad.' Wrth astudio stori'r epig Gymreig ym Mhatagonia, rhaid ystyried bod y Cymry yn chwilio am ryddid, rhyddid nas rhoddwyd iddynt yn ngwlad eu rhieni. Roeddent am ddatblygu'n ysbrydol a chymdeithasol, gan gynnal eu hiaith a'u harferion, gan fanteisio'n urddasol ar eu hawliau dinesig. A dyna godi eu golygon tuag at yr Ariannin, a agorodd ei ddrysau i fewnfudwyr ers 1853. Daeth y Cymry i Batagonia yn 1865, gan ddod i fyw mewn heddwch a democratiaeth, er gwaethaf yr anawsterau a gododd. Dyma ran bwysig iawn o hanes Cymru, fel y mae o hanes yr Ariannin.

Pennod ddisglair yn stori'r Cymry yn Chubut yw'r daith i'r Andes yn 1885 i ddarganfod tiroedd newydd i'w gwladychu. Y dewrion hyn, neu *los Rifleros del Chubut*, o dan arweiniad y Llywodraethwr Luis Jorge Fontana, a gysylltodd y glannau a'r Andes, gan sicrhau'r tiroedd hyn unwaith ac am byth yn enw'r Ariannin.

Mae tudalennau'r llyfr hwn yn gofnod huawdl o'r daith nodedig yn 2005 lle bu'r awdur yn un o'r marchogion, taith i goffáu'r siwrne hanesyddol wreiddiol.

Mae i Gymru le annwyl yng nghalonnau trigolion Chubut, ac mae Patagonia yn arbennig i unrhyw Gymro sy'n gyfarwydd â'i hanes ef ei hun. I ni ddisgynyddion Cymreig Patagonia, Ariannin yw gwlad ein rhieni a Chymru yw gwlad ein cyndeidiau. Mae'n anodd dychmygu Patagonia heb y Cymry.

Diolch Matthew Rhys Evans am rannu – mewn geiriau a lluniau – y deyrnged agosatom hon.

Ricardo Irianni
Gaiman, Chwefror 2010

" Rio Corintos," Colonia, " 16 de Octubre."

The river Corintos /*Afon Cyrants*, 'Colonia 16 de Octubre' (Cwm Hyfryd), Chubut

PREFACIO

En el Chubut parecería que existeria una sintonía natural con el visitante que dice 'soy galés'; en Gales se puede apreciar algo similar respecto del visitante patagónico. Esa mutua empatía tiene raíces profundas y una fascinante historia detrás. Iniciada a mediados del siglo XIX, la gesta galesa de la Patagonia es más que la historia de un grupo de emigrantes europeos que cruzaron el Atlántico; es un notable ejemplo del triunfo de la fe cristiana, de la confianza en las propias fuerzas y de la capacidad humana exigida al límite, motivadas por un alto ideal. Asimismo, es un ejemplo inigualable de integración pacífica entre europeos y aborígenes americanos. Los galeses que eligieron la Patagonia como su nuevo hogar eran hombres y mujeres comunes que decidieron cambiar su propia historia individual y, sin proponérselo, escribieron una de las páginas más brillantes que se pueden ofrecer al mundo en la historia de la emigración europea a América.

Foustel de Coulanges explica en su libro *La Ciudad Antigua* que la palabra '*patria*', cuyo significado latino es '*la tierra de los padres*', tenía en la antigüedad una concepción muy distinta a la que entendemos en el presente. En épocas remotas, el ciudadano debía a la patria su alma, su voluntad y su vida. En un sentido moderno, Benjamin Franklin afirmaba que 'donde vive la libertad, allí está mi patria'. Cuando abordamos la historia de la gesta galesa en la Patagonia, debemos tener en cuenta este concepto: los galeses buscaban libertad, una libertad que no tenían en la tierra de sus padres. Querían progresar espiritual y socialmente, manteniendo su lengua y costumbres, pero ejerciendo con dignidad sus libertades civiles. Fue así que se fijaron en la Argentina, que desde 1853 abría sus puertas a la inmigración. Los galeses llegaron a la Patagonia en 1865 y se desarrollaron en paz y en democracia a pesar de las grandes dificultades que se presentaron una y otra vez. Es, debería ser, una parte importante de la historia de Gales y una parte muy importante de la historia argentina.

Una página gloriosa de los galeses en el Chubut es la expedición que en 1885 realizaron hacia los Andes en búsqueda de nuevas tierras para colonizar. Comandados por el gobernador Luis Jorge Fontana un grupo de expedicionarios conocidos como los Rifleros del Chubut unieron la costa con la cordillera de los Andes y pusieron definitivamente esas tierras bajo la bandera argentina. Las páginas del presente libro son un elocuente documento del notable viaje con el que se recordó en 2005 esa histórica expedición, de la cual el autor fue parte.

Gales ésta cerca del corazón de los chubutenses y la Patagonia es especial para cualquier galés que conozca algo de su historia. Para los descendientes de galeses de la Patagonia, la Argentina es la tierra de nuestros padres y Gales, la tierra de nuestros mayores. Es difícil imaginar la Patagonia sin galeses.

Gracias Matthew Rhys Evans por compartir, en imágenes, su íntimo homenaje.

Ricardo Irianni
Gaiman, febrero 2010

"*Black Eye*," *Rio Chubut.*

'Black Eye'/ *'Llygad Du'*, the river Chupat/*Afon Camwy*, Patagonia

Department of Manuscripts and Archives, University of Wales, Bangor

Adran Archifau a Llawysgrifau, Prifysgol Cymru, Bangor

INTRODUCTION

SOUTHERN ARGENTINA, PATAGONIA, DESERT.
OCTOBER 2005.
MIDDLE OF NOWHERE.

The old man was gruff. I imagine he was as cold as I was.
  '*Ti 'rioed 'di blasu o, fachgen?*' ('Have you ever tasted it, boy?')
He pointed at the dead armadillo...
  '*Naddo*' ('No'), I replied.
He told me that many ate them, but he'd never acquired a taste.

His Welsh was pure and he spoke in a dialect exactly like my
grandfather's, and yet he'd never set foot in the 'old country', as
he called it.

We spurred our horses past the expired armadillo lying on its
back, and I spied it with envy. We'd been thirteen hours in the
saddle, my spine was spasming. I began to worry I wouldn't last
another day, let alone another three weeks.

Five years previously I'd arrived in Patagonia the archetypal Welsh
tourist, with an embarrassing wardrobe of 'outdoor' clothing and
an oversized camera.

Thousands of holidaymakers visit Patagonia every year to sample
its spectacular scenery, rich wildlife and dangerously good wine.
However, like many hundreds of Welsh holiday makers, I came to
the small province of Chubut for a very specific reason, knowing
that I would find Welsh chapels and tea rooms nestling among the
pampas, and that my mother tongue would still be spoken in its
communities.

Fleeing religious persecution, autocratic land issues and, above
all, a threat to their language, the Welsh first arrived in Patagonia
in 1865. The Argentine government at the time was offering huge
tracts of land to those who would populate them. On May 28,
around 150 men, women and children set sail from Liverpool to a
prospective promised land to establish a Welsh Utopia. They
arrived to find a desert.

For twenty years they broke their backs irrigating the arid earth,
but after one particularly dry summer, and good acreage became
more scarce, plans were made to look for more fertile land. By now
the Welsh had befriended the native Indians (the Tehuelches) that
roamed the plains. They told them of the rumoured lush hills that
lay far in the west, and this sparked the imagination and desire of
one John Murray Thomas. Thomas was a native of south Wales
who'd come to Patagonia aged 17 and had flourished. With a gift
for commerce, a keen photographic eye and a fervent sense of
adventure, he was the perfect candidate to lead an expedition of
men in search of their nirvana. Twenty Welshmen volunteered.
Tragedy had befallen the colony the previous year when a smaller
expedition of men was attacked and killed in the hinterland. As a
result of this, Thomas saw to it that every man was armed with a
Remington rifle and a large amount of ammunition, which earned

them their name and a place in Patagonia's history books. They became known as *Los Rifleros*, the Riflemen.

The expedition was officially led by an Argentine commander and the Governor of Chubut, Luis Jorge Fontana, who would preside on all land matters. And so, on October 19, 1885, twenty Welshmen, seven Argentinians and two Germans – and a few hundred horses – left the safety of the Welsh colony and set forth into the unknown. Their epic journey over 700km and five-and-a-half weeks of hardship brought them to the foothills of the Andes. They discovered a valley so prepossessing, it was christened 'Cwm Hyfryd' ('Beautiful Valley'). As reward, the men were granted a league of land each (6,250 acres) and many of the Welshmen made their home there, establishing Trevelin ('Mill Town' in Welsh).

PATAGONIA, CHUBUT, GAIMAN.
JULY 2000.
WELSH SETTLERS MUSEUM.

I'm standing in a gaudy fleece jacket, stuffed to the gills with Welsh cakes and engrossed. I'm reading John Murray Thomas's diary of the trip and am utterly absorbed. As a nation, we're not particularly known for our intrepid pioneer spirit, but Thomas's diary reads like a *Boys' Own* adventure. Exactly the type of thing I dream of. However, I soon meet a remarkable man and for the time being forget about the Rifleros.

His name is Ricardo Irianni – farmer, businessman, local politician and passionate enthusiast for Welsh preservation in Patagonia. Fortunately, his family run a rather magnificent tea shop and hotel. He becomes my guide, and we leave each other as firm friends.

LONDON, MY HOUSE.
AUGUST 2005.
ON THE PHONE.

Ricardo: *Ma' nhw mynd i adael ti fynd efo nhw.*
           ('They're going to let you go with them.')

Me: *Wir?!* ('Really?!')

Ricardo: *Ydyn.* ('Yes, they are.')

Me: *FANTASTICO!*

There is a group of men in Trevelin – many of whom are descendants of the original Rifleros – who each year honour their forefathers with a parade. But it's no ordinary parade. They dress in period clothing, carry rifles and ride to the summit of the magnificent cliffs that overlook Cwm Hyfryd. Only this year, the parade is slightly longer. About 675km longer. As it's 120 years since the original expedition, they've decided to do the trip in its entirety and I'd begged, pleaded and implored them to let me join them. No mean feat but they've finally agreed.

I decide on two things: I will document the trip both as a video diary and as a photographic journal. Both mediums I am completely unfamiliar with. What's more, I'll be doing it one-handed atop a horse.

By mid October, after hastily-arranged Spanish lessons and a documentary film-making course, I find myself surrounded by some of the toughest men I've ever met. I'm handing out knives and thanking them in broken Spanish for letting me join them on their odyssey.

For the next month I spend hours in the saddle, bathe in ice-cold rivers, camp every night and have the best time of my life. I even find out that people eat armadillos.

This book will show you what it all looked like. Well, almost all of it!

Matthew Rhys
October 2010

John Murray Thomas, 1894.
Department of Manuscripts and Archives, University of Wales, Bangor.
Adran Archifau a Llawysgrifau, Prifysgol Cymru, Bangor

CYFLWYNIAD

DE'R ARIANNIN, PATAGONIA, ANIALWCH.
HYDREF 2005.
YNGHANOL UNMAN.

Roedd yr hen ddyn yn swrth. Mae'n siwr ei fod e mor oer â mi.
    'Ti 'rioed 'di blasu o, fachgen?'
Pwyntiodd at yr armadilo trig.
    'Naddo,' atebais.
Dywedodd fod sawl un yn eu bwyta, ond na fagodd e flas amdanyn'
nhw.

Roedd ei Gymraeg yn bur a'i dafodiaith yn gwmws fel un fy
nhad-cu, ond ni bu erioed ar gyfyl 'yr hen wlad', chwedl yntau.

Sbardunom ein ceffylau heibio'r cyn-armadilo a orweddai ar
wastad ei gefn, ac fe genfigennais wrtho. Ar ôl tair awr ar ddeg
yn y cyfrwy, roedd fy nghefn ar hollti. Ofnwn na fyddwn yn para
diwrnod arall, heb sôn am dair wythnos.

Bum mlynedd ynghynt, fe gyrhaeddais Batagonia fel twrist
Cymreig nodweddiadol, gyda llond wardrob o ddillad awyr-iach a
chamera anferth.

Mae miloedd o dwristiaid yn ymweld â Phatagonia'n flynyddol
i ryfeddu at y golygfeydd ysblennydd, y bywyd gwyllt a'r
gwin dansierus o dda. Ond, fel cannoedd o dwristiaid Cymreig,
des i dalaith fechan Chubut am resymau penodol iawn,

gan wybod y down o hyd i gapeli ac ystafelloedd te Cymreig yn
nythu yn y *pampas*, ac y byddai fy mamiaith ar waith yn ei
chymunedau.

Gan ddianc rhag erlidigaeth grefyddol, cymhlethdodau
tirfeddiannol, ac, yn fwy na dim, bygythiad i'w hiaith, cyrhaeddodd
y Cymry Batagonia am y tro cyntaf yn 1865. Ar y pryd, roedd
llywodraeth yr Ariannin yn cynnig darnau sylweddol o dir i'r sawl
a'u poblogai. Ar Fai 28 hwyliodd tua 150 o ddynion, gwragedd a
phlant o Lerpwl i wlad honedig yr addewid er mwyn sefydlu eu Tir
na N'Og. A chyrraedd i ganfod anialwch.

Am ugain mlynedd, buont yn crafu byw yn dyfrhau'r diffeithdir, ond
ar ôl un haf arbennig o sych, ac wrth i ddaear las brinhau
ymhellach, gwnaed gynlluniau i chwilio am dir mwy ffrwythlon.
Erbyn hyn roedd y Cymry a'r Indiaid brodorol (llwyth y Tehuelche)
wedi dod yn ffrindiau, a chlywsant ganddynt am fryniau ir honedig
y gorllewin, ac fe daniwyd dychymyg a dyhead un o'r Cymry, sef
John Murray Thomas. Brodor o Dde Cymru oedd Thomas a ddaeth i
Batagonia pan oedd ond yn 17 oed, a bu iddo ffynnu. Gyda dawn
fasnach, llygad ffotograffydd ac ysbryd tanbaid yr anturiwr, ef oedd
y dyn perffaith i arwain y daith tuag at baradwys. Gwirfoddolodd
ugain o Gymry. Y flwyddyn gynt, dioddefodd y wladfa drychineb
enbyd pan laddwyd nifer o ddynion ar daith debyg i'r berfeddwlad.

O ganlyniad, sicrhaodd Thomas fod gan bob un o'i gyd-deithwyr
reiffl Remington a digon o fwledi, a dyna fu'n gyfrifol am

La, Florida, Colonia, " 16 de Octubre."

'La Florida', 'Colonia 16 de Octubre' (Cwm Hyfryd), Chubut
Department of Manuscripts and Archives, University of Wales, Bangor
Adran Archifau a Llawysgrifau, Prifysgol Cymru, Bangor

fathu'r enw a welir yn anrhydeddus bellach yn llyfrau hanes Patagonia. Dyma *Los Rifleros*, gwŷr y reiffl.

Arweinydd sywddogol y daith oedd un o gadlywyddion yr Ariannin, a Llywodraethwr Chubut, Luis Jorge Fontana, a gymerai gyfrifoldeb am faterion perchnogaeth tir. Ac felly, ar Hydref 19, 1885, gadawodd ugain o Gymry, saith Archentwr a dau Almaenwr ddiogelwch y wladfa, gan fentro i'r tywyllwch. Wedi siwrne epig dros 700 cilomedr a thros bum wythnos a hanner, dyma gyrraedd godre'r Andes. O'u blaenau, gwelsant ddyffryn mor hardd nes ei enwi'n Gwm Hyfryd. Fel gwobr, cyflwynwyd i bob dyn 6,250 o erwau o dir, ac yno yr ymgartrefodd nifer o'r Cymry, gan sefydlu Trevelin.

PATAGONIA, CHUBUT, GAIMAN. GORFFENNAF 2000. AMGUEDDFA'R YMFUDWYR CYMREIG

Rwy'n sefyll mewn siaced *fleece* lachar, yn llawn dop o bice ar y maen, ac wedi ymgolli. Rwy'n darllen dyddiadur John Murray Thomas o'r daith, ac wrth fy modd. Fel cenedl, dy' ni ddim yn arbennig o enwog am ein ysbryd arloesol eofn, ond mae dyddiadur Thomas fel rhywbeth allan o *Boys' Own adventure*. Dyma fyd fy mreuddwydion, heb air o gelwydd. Serch hynny, rwy ar fin cwrdd dyn go arbennig, ac am y tro aiff y Rifleros yn angof.

Ricardo Irianni yw ei enw – ffermwr, gŵr busnes, gwleidydd lleol ac un sydd yn frwd dros ben i weld y cysylltiad Cymreig â Phatagonia yn para. Yn ffodus iawn, mae ei deulu hefyd yn rhedeg gwesty ac ystafell de ardderchog. Hwn yw fy nhywysydd, ac erbyn i ni ffarwelio, rydym yn ffrindiau da.

LLUNDAIN, FY NHŶ I.
AWST 2005.
AR Y FFÔN.

Ricardo: Ma' nhw' n mynd i adael ti fynd efo nhw.

Me: Wir?!

Ricardo: Ydyn.

Me: *FANTASTICO!*

Mae grŵp o ddynion yn Nhrevelin – nifer ohonynt yn ddisgynyddion y Rifleros gwreiddiol – sy'n cynnal gorymdaith yn flynyddol i anrhydeddu eu cyndadau. Ond nid gorymdaith gyffredin mo hon. Maen' nhw'n gwisgo dillad cyfnod, yn cario reiffl yr un, ac yn marchogaeth i'r clogwyni rhyfeddol sydd uwchlaw Cwm Hyfryd. Ond eleni, mae'r orymdaith hytrach yn hwy. Rhwy 675 cilomedr yn hwy. Aeth 120 o flynyddoedd heibio ers yr antur wreiddiol, ac o'r herwydd, penderfynwyd olrhain y daith yn ei chyfanrwydd, ac mi

wnes i bledio ac ymbil arnyn' nhw i roi gwahoddiad i mi ymuno â nhw. Nid ar chwarae bach maen nhw wedi cytuno.

Rwy'n penderfynu dau beth yn syth: rwyf am gadw cofnod o'r daith, ar ffurf dyddiadur fideo a thrwy gyfrwng ffotograffau. Dyma ddau gyfrwng dieithr i mi. Mwy na hynny, mi fyddaf yn cadw'r cofnod ar gefn ceffyl!

Erbyn canol Hydref, ac wedi cwrs brys o wersi Sbaeneg a chwrs creu-ffilmiau-dogfen, dyma fi yng nghwmni rhai o'r dynion caletaf i mi gwrdd â nhw erioed. Ac rwy'n dosbarthu cyllyll ac yn diolch iddyn' nhw, yn fy Sbaeneg tila, am iddyn' nhw adael i mi ymuno â nhw ar y siwrne fawr hon.

Am y mis nesaf, byddaf yn treulio oriau dibendraw mewn cyfrwy, yn ymolchi mewn afonydd rhewllyd, yn gwersylla gyda'r hwyr, ac yn mwynhau mas draw. Mi ddof i ddeall hefyd fod pobol yn bwyta armadilos.

Mae'r llyfr hwn yn gofnod gweledol o'r cwbwl. Wel, bron y cwbwl!

Matthew Rhys
Hydref 2010

KNIVES
CYLLYLL

'Is there a problem?' I asked apprehensively.

'No, no problem... Well... maybe a nice idea... maybe... bring something for the Rifleros.'

'Like presents, you mean?' I guessed.

I was talking to Ricardo, my friend from Argentina. He had been responsible for much of the organizing and liaison between the Rifleros and me.

'You see, Math boy, the Rifleros are a society of men, many of them descended from the original Rifleros.'

'They don't want me to come?' I suggested.

'No, no, no, nothing like that. I'm just saying it might be an idea to bring something...'

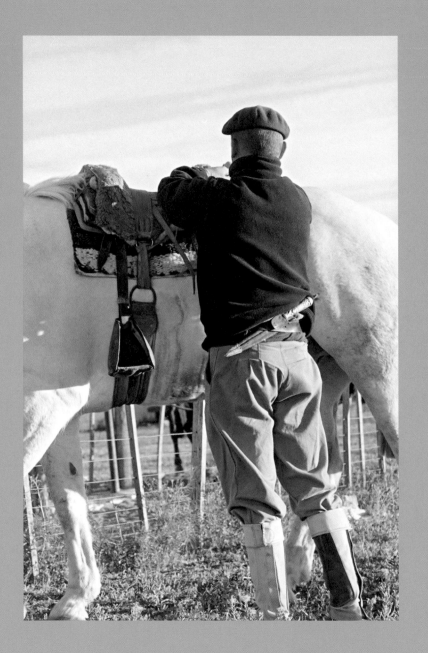

'Oes problem?' gofynnais yn betrus.

'Na, dim problem... Wel... falla syniad neis... falla... dod â rhwbath i'r Rifleros.'

'Be, fel anrhegion?' meddwn i.

Roeddwn yn siarad gyda Ricardo, fy ffrind o'r Ariannin. Ef oedd yn gyfrifol am y gwaith trefnu a phontio rhyngof i a'r Rifleros.

'Ti'n gweld, Math boi, cymdeithas o ddynion yw'r Rifleros, llawar yn perthyn i'r Rifleros gwreiddiol.'

''Dyn' nhw ddim am i fi ddod?' gofynnais.

'Na, na, na, dim byd fel 'na. Jest deud dw i, falla bydda'n dda dod â rhwbath...'

In my experience, there are a number of things that have, virtually, a religious status in Argentina. The obvious ones, of course, are football, tango, horses and steak. But I didn't know, until this trip, that knives were another. One of the critical components of the Gaucho's uniform, after all, is the knife or *facon* he keeps in the small of his back.

'Knives it is then,' I thought. And in a shallow attempt to earn their friendship, I bought thirty knives, each with the date inscribed on its blade, and each with the Argentinian and Welsh flags glued on to its sheath.

In Argentina, when you receive a knife as a present, it's a tradition that you must give a penny in return – for luck. And at the end of my first day with the Rifleros, I had a pocket full of small change – and an idea that I had, maybe, done something right.

Thank goodness, because it had already been a nightmare trying to get them through the airport.

Yn fy mhrofiad i, mae statws grefyddol, bron, i sawl peth yn yr Ariannin. Y rhai amlwg, wrth gwrs, yw pêl-droed, tango, ceffylau a golwythion. Ond wyddwn i ddim, tan y daith hon, fod cyllyll hefyd yn un ohonyn' nhw. Un o brif elfennau gwisg y Gaucho, wedi'r cwbwl, yw'r gyllell neu'r *facon* mae'n ei chario ar ei feingefn.

'Cyllyll amdani,' meddyliais. Ac mewn ymdrech arwynebol i ennill eu cyfeillgarwch, prynais dri deg o gyllyll, arysgrifo'r dyddiad ar y llafn, a gludo baneri'r Ariannin a Chymru ar bob gwain.

Os y derbyniwch gyllell yn anrheg, mae'n draddodiad yn yr Ariannin fod yn rhaid rhoi ceiniog yn ôl – am lwc. Ac ar ddiwedd fy niwrnod cyntaf gyda'r Rifleros, roedd gen i lond poced o arian mân – a syniad fy mod, falle, wedi gwneud rhywbeth bach yn iawn.

Diolch byth, oherwydd ro'n wedi cael hunllef yn dod â nhw drwy'r maes awyr!

TO BEGIN...
DECHRAU

Patagonia is renowned for many reasons... There's the wind to begin with.
A wind that is very literally in your face. Especially when you're on horseback.

Just as the original Rifleros did, we started from Rawson, the fishing port on
the Atlantic coast that is the region's capital. Hundreds of thousands of years
ago, this area was entirely submerged by the sea, which explains why the
landscape is so exceptionally flat today.

After half an hour's riding, we had reached the steppe – and the wind had
already begun whipping us mercilessly. Like a Sunday-morning chapel
congregation, all heads were lowered as man and horse bowed down before
the elements.

Mae Patagonia yn enwog am sawl rheswm... Y gwynt i gychwyn. Ac mae
hwnnw'n wynt amlwg iawn. Yn enwedig ar gefn ceffyl.

Fel yn achos y Rifleros gwreiddiol, prifddinas y dalaith, sef Rawson, oedd ein
man cychwyn. Porthladd pysgota ar lan môr Iwerydd yw hon, ond gannoedd o
filoedd o flynyddoedd yn ôl roedd yr holl ardal o dan y môr, a dyna esbonio pam
mae'r dirwedd mor eithriadol o wastad heddiw.

O fewn rhyw hanner awr o farchogaeth, ro' ni allan ar y paith – ac roedd
y gwynt yn ein chwipio'n ddidrugaredd eisoes. Ac fel yn y cwrdd bore Sul,
plygwyd pob pen wrth i ddyn a cheffyl foesymgrymu o'i flaen.

The first half-hour is tolerable. However, after six hours, every muscle in your body burns, especially the elusive sixpack, as you continually lean into the wind. And if it has eluded you until now, you'll certainly glean one by the time the wind abates.

Uncomfortable though all this was, I was struck by one thing. Nothing had changed here since 1885. There were no buildings. And only the tarmac road and telegraph lines reminded us that we were actually travelling in the modern age. We were definitely witnessing the exact same scenery that the original pioneers had seen over a century before.

And as I contrasted the green, green grass of home with the barren land before me, it was difficult not to wonder how those intrepid Welsh settlers had felt on first landing here.

Pretty anxious, I'd imagine...

Mae'r hanner awr cyntaf yn weddol. Ond ar ôl chwech awr mae pob cyhyr yn y corff yn llosgi, yn enwedig y 'pecyn chwech', wrth i ddyn bwyso mewn i'r gwynt. Ac os nad oes gennych y pecyn hwnnw'n barod, byddwch wedi hen fagu un erbyn i'r gwynt ostegu.

Er mor anghysurus oedd hyn i gyd, fe'm trawyd gan un peth. Doedd dim oll wedi newid ers 1885. Dim adeiladau yn unman. A dim ond ffordd darmac a gwifrau teleffon i awgrymu ein bod yn teithio yn yr oes fodern o gwbwl. Ro' ni'n sicr yn gweld yr union olygfeydd y byddai'r carfan wreiddiol wedi eu gweld dros ganrif yn ôl.

O gofio mor las yw daear Cymru, ac o weld diffeithwch y paith o'n blaenau, anodd oedd peidio meddwl sut fyddai'r Cymry gwreiddiol wedi teimlo wrth lanio fan hyn.

Digon pryderus, dybiwn i...

VINCENT

As I held the heavy leather tool-bag, he told me it was made from a bull's scrotum. He giggled, sipping tea out of a mug he'd made from an old tin can and a bone.

These were two of Vincent's greatest qualities: a beautifully mischievous sense of humour and a breathtaking ability to make something out of anything and anything out of something. (Especially horse tails).

Vincent had dreamt of making this trip his whole life, and had been preparing meticulously for the past few months.

Wrth i mi ddal y cwdyn-tŵls lledr, trwm, dyma fe'n dweud wrthyf taw o sgrotwm tarw y'i gwnaed. Chwarddodd, gan yfed te o'r myg a weithiwyd ganddo o hen dun ac asgwrn.

A dyna grynhoi dau o rinweddau mawr Vincent: ei synnwyr digrifwch hyfryd o ddireidus, a'i allu anhygoel fel crefftwr a allai weithio rhywbeth allan o unrhywbeth ac unrhywbeth allan o bopeth. (Ac yn enwedig felly allan o gynffonnau ceffylau.)

Bu Vincent yn breuddwydio am yr antur hon ar hyd ei fywyd, a bu'n paratoi'n fanwl dros y misoedd diwethaf.

Almost immediately after meeting him, I felt a great sense of relief, a feeling that here was a very capable uncle who would look after you.

On our third day, after two very gruelling days in the saddle, Vincent conceded that his weary bones of seventy-odd years were not up to the trip. He left us on a bus bound home for the Andes, telling me later that he'd cried the entire way.

His brother Nantlais was very quiet the rest of the day. So was I.

Wedi cwrdd ag ef am y tro cyntaf, teimlais ryw ollyngdod mawr. Dyma, meddyliais, ryw wncwl amryddawn i'm cadw'n ddiogel.

Ar ein trydydd dydd, wedi deuddydd enbyd o galed yn y cyfrwy, bu rhaid i Vincent gydnabod nad oedd ei esgyrn saith-deg-oed yn gymwys i'r daith. Fe'n gadawodd ar fws tua'r Andes, gan gyfaddef i mi'n hwyrach iddo grio yr holl ffordd adre.

Tawedog iawn oedd ei frawd Nantlais weddill y dydd. A minnau.

ARRIVING
CYRRAEDD

As the poplars grew ever larger before us, I suspected that we were nearing the valley – the heart of the *Wladfa*. It was in this small vale that most of the Welsh congregated, labouring on the farms and worshipping in the chapels.

As we rode by the green fields surrounded by arid land, it was plain to see where those original settlers had left their mark: the ditches that irrigate the soil today are those that they had carved out a century and more ago.

Wrth weld y coed poplys yn graddol dyfu'n fwy ac yn fwy o'n blaenau, tybiais ein bod yn agosáu at y dyffryn – calon y Wladfa. Yn y cwm bach hwn y daeth trwch y Cymry ynghyd, gan lafurio ar y ffermydd ac addoli yn y capeli.

Wrth i ni farchogaeth heibio i'r meysydd gwyrddion yng nghanol sychder y tir, gwelwn ôl llaw yr arloeswyr cyntaf yn gwbwl amlwg. Yr un ffosydd sydd heddiw'n dyfrhau'r tir ag a balwyd ganddyn' nhw dros gant a mwy o flynyddoedd yn ôl.

A number of farmers, and their wives and children, came out to greet us. One old gentleman gestured towards me, inviting me to slow down. He ventured something in Spanish, and I gave him my customary response:

'Perdon, no habla catellano, señor.'

'Wyt ti'n siarad Cymraeg, fachgen?'
('Do you speak Welsh?') was his answer.

I pondered for a moment, and came to the conclusion that the pioneers had succeeded in a number of ways...

Daeth sawl ffarmwr, gwraig a phlentyn allan i gwrdd â ni. Cododd un hen wr ei law mewn arwydd i mi arafu. Ynganodd rywbeth yn Sbaeneg, ac atebais yn ôl fy arfer:

'Perdon, no habla catellano, señor.'

'Wyt ti'n siarad Cymraeg, fachgen?'
oedd ei ateb.

Arhosais am eiliad i feddwl a dod i'r casgliad bod yr arloeswyr wedi llwyddo mewn sawl maes...

THE BIG THREE
Y TRIAWD MAWR

Although the original trip was 'officially' led by Commander Luis Jorge Fontana, to me, the real leaders were John Murray Thomas, Antonio Miguens and John Daniel Evans.

It was Thomas, after all, who put the expedition together, and Miguens was his right-hand man. And all who ventured with them took council from Evans, the man they called 'Vaquero'.

'Vaquero' had been raised a true backwoodsman. A tracker and survivalist, he'd gleaned his skills from the plains Indians. He'd also been the lone survivor of a tragic expedition into the hinterland the previous year. There was no one better suited.

We also had three leaders...

Eduardo Andino Miguens
President of the Riflero Association, grandson of Antonio Miguens. Stoic, tough and quiet.

Omar Itxassa Evans
Cut from the same cloth as his grandfather John Daniel, Omar was our guide for the trip as he was a veteran who had already done the journey by horse some years earlier.

Jorge Wilson Thomas
Grandson of John Murray Thomas. I remember being struck by his resemblance to John Murray. So much so that I asked him to sit, emulating an old photograph of his grandfather.

Jorge would ask me from time to time: '*¿Cómo va Galesito?*'

'How are you little Welshman?'

Er taw'r Cadlywydd Luis Jorge Fontana oedd arweinydd swyddogol y daith wreiddiol, i mi, y gwir arweinwyr oedd John Murray Thomas, Antonio Miguens a John Daniel Evans.

Thomas, wedi'r cwbwl, a ddaeth â'r fenter ynghyd, a Miguens oedd ei law dde. Ac roedd pawb yn gofyn cyngor Evans, yr hwn a elwid 'Vaquero'.

Magwyd 'Vaquero' yn wladwr cefn-gwlad go iawn. Roedd yn draciwr a wyddai sut i ymdopi â'r sefyllfaoedd mwyaf eithafol, ac fe ddysgodd ei grefft gan Indiaid y paith. Ef hefyd oedd unig oroeswr taith drasig i'r berfeddwlad flwyddyn ynghynt.

Roedd gennym ninnau dri arweinydd...

Eduardo Andino Miguens
Llywydd Cymdeithas y Rifleros, ac ŵyr Antonio. Stoicaidd, gwydn a thawel.

Omar Itxassa Evans
O'r un brethyn â'i dad-cu, John Daniel. Omar oedd ein tywysydd ar y daith, gan iddo gwblhau'r un siwrne ar gefn ceffyl rai blynyddoedd ynghynt.

Jorge Wilson Thomas
Ŵyr John Murray Thomas. Fe'm synnwyd mor debyg ydoedd, o ran pryd a gwedd, i'w dad-cu. Gymaint yn wir nes i mi ofyn iddo eistedd mewn efelychiad o hen ffotograff o'i dad-cu.

O bryd i'w gilydd, byddai Jorge yn fy holi: '*Como va Gallensito?*

'Sut wyt ti, Gymro bychan?'

SHOEING
PEDOLI

We often clocked more than 65 kilometres a day. Little wonder, therefore, that our horses went through more shoes than Ivana Trump!

What amazed me was the speed at which the boys could dismount, de-shoe, re-shoe and re-mount.

Indeed, if a horse began to hobble, it would only be a matter of moments before the pampas would be treated to the equine version of a Formula One tyre change!

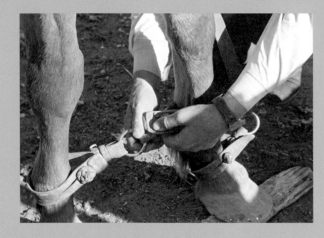  

Weithiau, bu i ni deithio dros 65 cilomedr mewn diwrnod. Does rhyfedd felly fod y ceffylau yn gorfod newid esgidiau yn amlach nag Ivana Trump!

Mwy o ryfeddod fyth oedd mor gyflym oedd y bechgyn yn neidio oddi ar gefn ceffyl, yn tynnu pedol, yn ail-bedoli ac yn neidio'n ôl i'r cyfrwy.

Yn wir, petasai'r anifail yn dechrau cloffi, ni byddai fawr o dro cyn bod y paith yn profi fersiwn geffylaidd o orchest newid teiars Fformiwla Un!

THE MIGUENS BOYS
Y MIGUENS

Rifleros history is an integral part of Miguens life, especially since their father is society president. The Miguens boys were certainly an integral part of expedition life.

Bless Mario, he was given the unfortunate task of helping me with all things horse. When I'd be running around a field at 5.30 in the morning, trying to catch my mount, he'd be the one at hand to show me what to do. That went for tacking up (putting on saddle and bridle), securing pack to my pack horse and generally keeping me alive.

Gan fod eu tad yn llywydd y Gymdeithas, mae hanes y Rifleros yn rhan annatod o fywyd y Miguens. Ac yn wir, roedd y Miguens hwythau yn rhan annatod o fywyd a bwrlwm y daith.

Cafodd Mario, bendith arno, y dasg anffodus o'm cynorthwyo i gyda phob agwedd ar geffyla. Pan fyddwn i'n cwrso fy ngheffyl am 5.30 y bore, ef fyddai wrth law i'm rhoi ar ben ffordd. Fe fyddai'n gofalu 'mod i'n cysylltu'r cyfrwy a'r ffrwyn yn iawn, yn clymu fy mhac ar fy ngheffyl pwn, ac, i bob pwrpas, yn fy nghadw yn fyw.

Mario had no English, and I would never attempt my poor Spanish with anyone, so we developed a rather remarkable sign language. The international sign of rolling your eyes was one of our first and most frequently used expressions.

We were all representing a member of the original expedition, but Antonio was given the slightly more visible honour of representing Colonel Fontana and would don the uniform when we entered the towns and villages. If there was one joker, morale rouser, and leg puller in our posse, it was he. Being the only non-Argentine, slightly pasty actor in their midst, I was a ripe target, but it was always done with great humour and accompanied by his highly infectious laugh.

Doedd gan Mario'r un gair o Saesneg, ac ni fentrwn i fy Sbaeneg broc gyda neb, felly datblygodd rhyngom ryw iaith arwyddion ddigon nodedig. A'r gair cyntaf a mwyaf cyffredin yn yr iaith honno oedd yr arwydd rhyngwladol hwnnw, sef rolio ein llygaid.

Roedd pob un ohonom yn ein tro yn cynrychioli un o aelodau'r daith wreiddiol, ond Antonio a gafodd yr anrhydedd o gymryd rhan amlwg y Cadlywydd Fontana, gan wisgo'r lifrai wrth farchogaeth drwy drefi a phentrefi. Ef hefyd oedd ein tynnwr coes a chodwr ein hysbryd. Fel yr unig un nad oedd yn Archentwr, roeddwn i, yr actor gwelw, yn gocyn hitio cyfleus, ond roedd hiwmor mawr ei ergydion, ynghyd â'i chwarddiad heintus, yn lleddfu'r briw.

MATÉ

Kansas Jones was the first to offer.

When I arrived at the starting camp of the expedition and was saying my self-conscious 'hello' to everyone, he stood there with a gourd and a small black kettle.

'Maté?'
'Sorry?' I asked.

He poured some hot water into the gourd and offered it. Thus I was introduced to another part of Argentinian daily life with almost religious status. As with the call to prayer, everything stops for a brief moment for maté.

Kansas Jones oedd y cyntaf i gynnig.

Pan gyrhaeddais i wersyll cychwynnol y daith ac wrthi'n dweud fy 'helo' hunan-ymwybodol wrth bawb, safai e yno yn dal cicaion a thegell bach du.

'Maté?'
'Sori?' gofynnais.

Arllwysodd ddŵr twym i'r cicaion a'i gynnig i mi. Ac felly y'm cyflwynwyd i ran arall o fywyd beunyddiol yr Ariannin â chanddo statws crefyddol. Fel gyda'r alwad i weddi, deuai popeth i stop er mwyn maté.

It's a bitter, loose tea (yerba) held in a gourd, infused by very hot water and sucked through a metal straw. The gourd or 'maté' can be any sort of vessel but is usually a hollow dried fruit.

What I loved about maté is its social impact. After all, it takes a little longer than a snatched cup of coffee. More than that, it's shared (literally), as the gourd, like the straw, is passed around whoever is present. It is a ritual that forces intimacy, often leading to an exchange of stories and experiences.

I had many great moments sharing a maté.

Tê chwerw, rhydd yw hwn (yerba) sy'n cael ei ddal mewn cicaion, ei hydreiddio gan ddŵr twym iawn a'i sugno drwy welltyn metel. Gall y cicaion neu'r 'maté' fod yn unrhyw lestr, ond ffrwyth wedi ei sychu a'i gafnu yw e'n arferol.

Ro'n i'n dwlu ar effaith gymdeithasol maté. Wedi'r cwbwl, mae'n para'n hirach na disgled o goffi brys. Mwy na hynny, mae'n brofiad ar y cyd, wrth i'r cicaion, fel y gwelltyn, gael ei basio o amgylch y cwmni. Mae'n ddefod sy'n gorfodi agosatrwydd, gan arwain yn aml at rannu straeon a phrofiadau.

Ces i sawl eiliad wych wrth rannu maté.

TREVOR

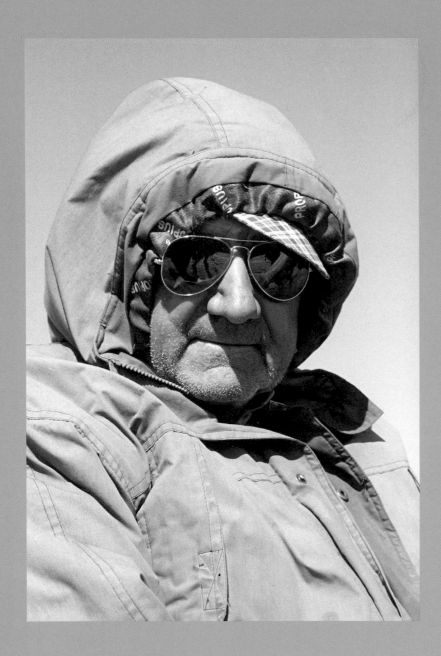

Trevor wasn't so much born as hewn from rock, one of the toughest men I've ever met. He was so proud to be a Riflero, carried an antique rifle and pistol, and stopped religiously every twilight for maté.

He was always good for a story (especially about Butch Cassidy's time in Patagonia), and I'd often join him. He'd pull off his boots and put on his *alparagatas* (an Argentinian espadrille or slipper). Sometimes if it had been a hard day, we'd sit in silence passing the gourd back and forth.

I asked him one day what his horse was called.

    'Pingo,' was the answer .

I asked if it meant anything.

    'It just means "good horse".'

I loved Trevor. He passed away this year.

Nid cael ei eni a wnaeth Trevor, ond cael ei naddu o'r graig; un o'r dynion caletaf i mi gwrdd ag e erioed. Roedd e mor falch o fod yn Riflero, a chariai reiffl a phistol hynafol, ac fe gâi hoe'n grefyddol gyda'r gwyll ar gyfer maté.

Roedd yn llawn straeon (yn arbennig am gyfnod Butch Cassidy ym Mhatagonia), ac ro'n i'n hoff o'i gwmni. Fe dynnai ei sgidiau a gwisgo *alparagatas* (math o espadril neu *slipper* Archentaidd) am ei draed. A phetasai'r diwrnod wodi bod yn un caled, eisteddem mewn distawrwydd yn pasio'r cicaion nôl a mlaen.

Gofynnais iddo un diwrnod bcth oedd enw ei geffyl.

'Pingo,' oedd yr ateb.

Gofynnais beth oedd ystyr hwnnw.

'Mae'n golygu "ceffyl da", dyna i gyd.'

Ro'n i'n caru Trevor. Bu farw leni.

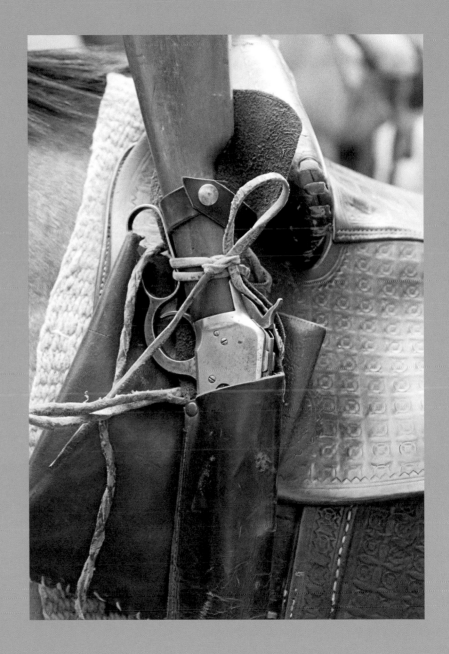

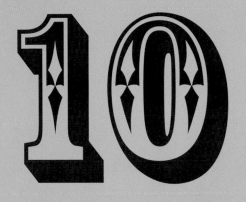

LUNCH
CINIO

Vincent turned to me one lunchtime and said,
    'A delightful place for lunch.'
We were sitting in a sandstorm at the time.

We ate in some breathtaking locations, a river bank one day, an incredible canyon the next, and since our meals were sponsored by Chubut's Secretary for Culture, a crew of border police chefs would prepare our food each day.

After a morning's ride (sometimes taking up to seven hours), the first sign of lunch would be a wisp of smoke on the horizon. And with every step, the big green police-van would gradually emerge in the distance. When the smell reached us, we would dig our heels in to the tired horses a little more sharply, I'm ashamed to say.

I was usually the last to arrive, but the lunch hour's rapid routine was always the same:

    Arrive.
    Unsaddle and tie the horse.
    Walk to the dinner queue without appearing
    to be in pain.
    Devour two bowls of some kind of *cawl*.
    Sleep for twenty minutes.
    Prepare the horses again and away.

Even if it was only for a short space of time, it was great to sit on something that wasn't moving.

Trodd Vincent ata'i un awr ginio a dweud,
    'Lle hyfryd i ginio.'
Ro' ni'n eistedd mewn storm dywod ar y pryd.

Ro' ni'n yn bwyta mewn lleoliad trawiadol bob dydd, boed ar lan
yr afon neu mewn rhyw geunant anhygoel, a chan fod ein prydau
wedi'u noddi gan Ysgrifennydd Diwylliant Chubut, roedd criw
o gogyddion heddlu'r arfordir yn paratoi ein bwyd yn ddyddiol.

Ar ôl marchogaeth y bore (am saith awr o'r bron weithiau),
yr argoel gynta o ginio fydde gweld pluen o fŵg ar y gorwel.
Ac, fesul cam, byddai fan fawr werdd yr heddlu yn araf
ymddangos o'n blaenau. A phan fyddai'r arogl yn ein cyrraedd,
dyma'n sodlau yn annog y ceffylau blinedig yn fwy awchus, mae'n
gas gen i ddweud.

Fel arfer, fi fyddai'r olaf i gyrraedd, ond yr un fyddai trefn yr
awr ginio chwim:

    Cyrraedd.
    Tynnu'r cyfrwy a chlymu'r ceffyl.
    Cerdded i'r rhes ginio heb ymddangos i fod mewn poen.
    Traflyncu dwy fowlen o ryw fath o gawl.
    Cysgu am ugain munud.
    Ailbaratoi'r ceffylau a mynd.

Hyd yn oes os ydoedd ond am ychydig, braf i mi oedd cael eistedd
ar rywbeth nad oedd yn symud.

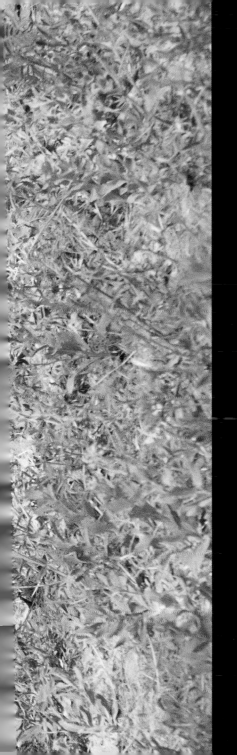

NANTLAIS

Nantlais... It means 'Voice of the Stream'.

He reminded me of my grandfather, but a more paternal guide I couldn't have wished for. His Welsh was pure with a dialect that could've been plucked directly from Wales, or 'The Old Country' as he called it. Throughout the month, he patiently let me ride alongside him and badger him with questions, whilst he quietly offered guidance when I went awry.

He was a chair-winning poet (poets of esteem are awarded chairs in Wales, a prestigious and practical tradition!) and had a wonderful singing voice, often bursting into a line or two of a hymn when the day's monotony got to him.

As tough as his own riding boots, he could and would happily bathe in icy rivers for ablutions. However one lunchtime, he was more withdrawn and sat alone. All he could tell me was that 'the old body was tired.'

Nantlais... Ie, llais y nant yn wir.

Roedd yn fy atgoffa o'm tad-cu, ond ni allwn wedi dymuno tywysydd mwy tadol. Roedd ei Gymraeg yn bur, a'i dafodiaith fel talp o Gymru ei hun, neu 'Yr Hen Wlad,' chwedl yntau. Ar hyd y mis, ces farchogaeth yn ei gwmni amyneddgar gan holi ei berfedd, ac fe gynigiai yn ei dro air o gyngor yma ac acw pan awn ar gyfeiliorn.

Roedd yn fardd cadeiriog (yn unol â thraddodiad anrhydeddus ac ymarferol Cymru!) â chanddo lais canu rhagorol, ac ohono fe lifai linell neu ddwy o emyn pan fyddai undonedd y dydd yn drwm ar ei ysgwyddau.

Roedd mor wydn â lledr ei esgidiau ei hun, ac ni phetrusai rhag ymolchi yn nyfroedd rhewllyd yr afonydd. Serch hynny, un amser cinio, eisteddai'n dawedog ar ei ben ei hun. A'r cyfan a fedrai ddweud oedd fod 'yr hen gorff wedi blino.'

12

LANDSCAPE
TIRWEDD

When Captain Kirk left the safety of the Starship Enterprise and found himself on a lunar landscape, I often used to wonder where in the world it had all been filmed.

And now I know – or, at least, am quite convinced – that it was shot entirely on location in the Chubut valley. By the same token, I'm also sure that most of the great Clint Eastwood westerns were shot there as well.

To say that the landscape 'changes' seems almost laughable. The unique thing, however, was seeing it change from the back of a horse, as the transformation was so gradual.

Pan adawai Capten Kirk ddiogelwch y Starship Enterprise a throedio rhyw dirwedd *lunar*, holwn fy hun yn aml ble yn y byd y ffilmiwyd y cwbwl.

Rwy'n gwybod nawr – neu, o leia, rwy'n grediniol – taw yn nyffryn Chubut y saethwyd y golygfeydd hyn. Yn yr un modd, rwy hefyd yn sicr i *westerns* mawr Clint Eastwood gael eu ffilmio yno yn ogystal.

Mae dweud bod y dirwedd yn 'newid' yn chwerthinllyd, bron. Y peth unigryw, serch hynny, oedd ei gweld yn newid tra 'mod i ar gefn ceffyl, oherwydd o'r fan honno, roedd y trawsnewidiad yn ymddangos mor raddol.

So often on hot, sticky, touristy car journeys, things whizz by and scenery changes quickly, but what I loved about the expedition was how the vastly diverse topography unfolded in front of us languidly with every step.

From the dry arid pampas of the beginning to the huge carbon canyons and rock formations we passed, almost every kind of terrain was encountered.

Kirk and Clint, however, weren't...

Yn aml ar ein siwrneiau poeth, llethol a thwristaidd mewn car, mae popeth yn chwyrlïo heibio a'r golygfeydd yn newid ar hast. Ond, yn achos yr antur hon, ro'n i wrth fy modd yn gweld y ddaearyddiaeth leol amrywiol yn ymagor yn hamddenol o'n blaenau fesul cam.

O'r peithdir sych ar y cychwyn i'r ceunentydd carbon enfawr a'r ffurfiannau craig, gwelsom bob math o diroedd.

Ond ni welsom Kirk na Clint, serch hynny...

CROSSING FENCES
CROESI FFENSYS

All along the way, the only constant reminder of modern life was the humble farm fence.

We wouldn't always follow the road, and phone and power lines would sometimes disappear, but the only constants were the fences.

There would usually be gates or some means of passing beyond them, but every now and again, a little more cunning was required. On those occasions, a couple of the men would pull two or three thin posts out of the ground, before lying the fence gently on its side. The two would then stand on it while the rest of us subtly picked our way (and our horses' way) across it.

They would then replant the posts, remount their horses, and no one would be any the wiser about our adventure – apart from the envious sheep.

Gydol y daith, yr unig argoel gyson o'r oes fodern oedd y ffens fferm fach wylaidd.

Ni ddilynem y ffordd o hyd, ac weithiau, diflannai'r gwifrau pŵer a ffôn o'r golwg; ond yr un peth sefydlog oedd y ffensys.

Gan amlaf, byddai gatiau neu rhyw fodd o basio trwyddynt, ond ambell dro byddai rhaid bod ychydig yn fwy cyfrwys. Ar yr adegau hynny byddai cwpwl o'r dynion yn tynnu rhyw dri phostyn tenau o'r ddaear, yna'n gorwedd y ffens yn ofalus ar ei hochor. Byddai'r ddau wedyn yn sefyll arni tra bod y gweddill ohonom yn cynnil bicio'n ceffylau drosti.

Bydden' nhw'n ailblannu'r pyst, cyn esgyn i'w meirch, ac ni byddai neb yn gallach am ein hantur – heblaw'r defaid cenfigennus.

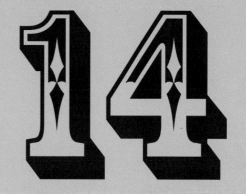

RONAL EIBION DAVIES

When people asked 'Did you gallop at all?' the standard answer was 'No, we walked all the way.' What I should have said was that the horses walked all the way. The only *human* to walk was Ronal Eibion Davies.

He'd never been particularly fond of horses, but he was undoubtedly one of the fittest men I'd ever met, and he'd decided that he was going to walk every single step of the way. He was related to one of the original Rifleros, and was determined not to miss out on the trip because of his lack of equestrian experience. There was some concern for his wellbeing when we began. Would he cope with the vast distances every day? Could he keep up with the horses?

Pan fyddai pobl yn gofyn 'A wnaethoch chi garlamu o gwbwl?' yr ateb fyddai 'Na, cerdded wnaethom yr holl ffordd.' Ond beth ddylwn wedi dweud oedd taw'r ceffylau a gerddodd yr holl ffordd. Yr unig *fod dynol* a gerddodd oedd Ronal Eibion Davies.

Doedd e erioed wedi bod yn or hoff o geffylau, ond roedd e'n sicr yn un o'r dynion mwyaf heini i mi eu cwrdd erioed, ac fe benderfynodd gerdded pob cam o'r daith. Roedd yn perthyn i un o'r Rifleros gwreiddiol ac yn bendant na fyddai'n colli allan oherwydd ei ddiffyg profiad ar gefn ceffyl. Roedd rhywfaint o bryder amdano ar ddechrau'r daith. A fyddai'n gallu ymdopi â'r pellteroedd maith bob dydd? A fyddai'n gallu cadw lan â'r ceffylau?

It wasn't long before the irony dawned on everyone:
    he was the first to leave camp every morning (no animal to feed or saddle);
    he was the first to lunch (his step was actually slightly quicker than the horses');
    he was the first to get his tent ready at night, allowing an hour or two hours'
    extra rest – and no one deserved this more.

I would watch him prepare his flask of water for his mate every morning, before he
tied the Argentinian and Welsh flags to his back, and marched off purposefully.

Although I saw several blisters the size of fried eggs on his feet, the conversation
between us was always the same:
    Me: How are the feet?
    Him: Oooooo... fine.

Ni bu'n hir cyn i'r eironi wawrio ar bawb:
    fe fyddai'r cynta i adael y gwersyll bob bore (dim anifail mawr i'w fwydo a'i gyfrwyo);
    fe fyddai'r cynta i ginio (roedd ei gam fymryn yn gynt na cham ceffyl);
    fe fyddai'r cynta i gael ei babell yn barod gyda'r nos, a chael yr awr neu ddwy
    ychwanegol o orffwys – a doedd neb yn ei haeddu'n fwy.

Mi fyddwn i'n ei weld e'n paratoi fflasg o ddŵr poeth ar gyfer ei maté bob bore, cyn clymu
baneri Ariannin a Chymru i'w gefn a chamu bant â'i wynt yn ei ddwrn.

Er i mi weld sawl poethell maint wy wedi ffrio ar ei draed, yr un fyddai'r sgwrs rhyngom:
    Fi: Su'mae'r traed?
    Fe: Oooooo... iawn.

15

THE BACK END
OF A HORSE
PEN ÔL Y CEFFYL

As we hardly ever rode alongside each other, one became very accustomed to looking at the back end of a horse. So much so that I quickly became adept at recognizing a rider at a distance by his horse's rear.

One would never imagine such hypnotic properties belonged to the gentle undulation of a horse's behind. Hours could go by until I snapped out of it, realizing I'd done nothing more than watch its rump.

Nantlais was always an easy spot as he had two pack horses with him.

Which meant double the trance.

Am na fyddem yn marchogaeth ochr-yn-ochr yn aml, daeth syllu ar ben ôl ceffyl yn brofiad cyfarwydd. Gymaint felly hyd nes i mi ddod yn arbenigwr ar adnabod fy nghyd-deithwyr ar sail pennau ôl eu ceffylau.

Pwy feddyliai fod tonni tyner tîn ceffyl mor hypnotig. Byddai oriau'n mynd heibio cyn i mi sylweddoli 'mod i wedi bod yn gwneud dim byd mwy na rhythu ar bart ôl ceffyl.

Roedd Nantlais yn hawdd i'w adnabod, gan fod ganddo ddau geffyl pac.

A dyna ddwbwl y llesmair.

16

MARC, NIA, BUCKS

'Rhyyyyyyyyyyyyyysssssss!'
No... It can't be...
    'Oi, Rhyyyyyyyyyyyyyyysssssss.'
Yes, I definitely heard her this time... Or did I?

There were 25 of us on the trip, but our conversations as we rode were few and far between. We travelled in single file, with about twenty metres between each rider. This made for long and lonely hours on horseback. Allowing the mind to wander for such long periods can be a good and a bad thing.

As the wind began to whip my ears on the plain, not only was I hearing things, I was starting to hallucinate as well. I thought someone was calling my name.

'Rhyyyyyyyyyyyyyysssssss!'
Na... Does bosib...
    'Oi, Rhyyyyyyyyyyyyyyysssssss.'
Do, wnes i'n sicr ei chlywed hi'r tro 'na... Neu do fe?

Roedd 25 ohonom yn marchogaeth, ond prin iawn oedd y sgyrsiau wrth deithio. Un llinell hir oedd ein carfan, gyda rhyw ugain metr rhwng pob marchog. Canlyniad hyn oedd oriau hir ac unig ar gefn ceffyl. Ac mae hel meddyliau am gyfnod mor faith yn beth da a drwg.

Gyda'r gwynt yn chwipio fy nghlustiau ar y paith, nid yn unig ro'n i'n clywed pethau, ro'n i'n dechrau gweld rhithiau hefyd. Dychmygais fod rhywun yn gweiddi fy enw...

Suddenly, at my side, Nia Roberts appeared.
    'Hiya, Math!'

I almost fell off my horse. Not only was I hearing things, I was now starting to imagine things. More specifically I was imagining the Welsh actress running next to me. I realised at once that I wasn't imagining it.
    'Marc's over there,' she said...

The 'Marc' she was referring to was her husband, the film director Marc Evans. And suddenly all became clear. Of course. Marc had mentioned some months earlier that he intended to make a film about Patagonia. And there was Marc shouting and waving with Rebekah ('Bucks') Gilbertson, his producer, next to him.

Yn sydyn, wrth fy ochr, ymddangosodd Nia Roberts.
    'Hiya Math!'

Bron i fi gwympo oddi ar fy ngheffyl. Nid yn unig ro'n i'n clywed pethau, ro'n i nawr yn dychmygu pethau hefyd. Yn fwy penodol, ro'n i'n dychmygu'r actores Gymraeg yn rhedeg yn fy ymyl. Sylweddolais mewn eiliad nad dychmygu oeddwn ni.
    'Ma Marc draw fan'na,' medde hi...

Y 'Marc' roedd hi'n cyfeirio ato oedd ei gŵr, y cyfarwyddwr ffilm Marc Evans. Ac yn sydyn daeth popeth yn glir. Wrth gwrs. Roedd Marc wedi sôn fisoedd gynt ei fod yn bwriadu gwneud ffilm am y Wladfa. A dyna lle'r oedd Marc yn gweiddi a chwifio'i law gyda Rebekah ('Bucks') Gilbertson, ei gynhyrchydd, nesa ato.

Marc Evans gave me my first role as a professional actor when I was 21 years old. The film was *House of America*, where Siân Phillips played my mother. We have worked with each other many times since, and, surreal though it was to see him on the plain, it was great to have his company and that of the girls.

They were researching locations for their film, and had heard the story of the Rifleros from several hosts. And today, they had found them!

A few years after this, we all came back to make a film called *Patagonia*. It was released this year. And in it, I played the part of an Argentinian of Welsh descent called Mateo.

Marc Evans a roddodd fy swydd gynta i fi fel actor proffesiynol pan oeddwn yn un-ar-hugain oed. Y ffilm oedd *House of America*, gyda Siân Phillips yn chwarae rhan fy mam. Ry' ni wedi gweithio gyda'n gilydd sawl gwaith ers hynny, ac er mor swreal oedd ei weld yng nghanol y paith, braf oedd cael ei gwmni e a'r merched.

Roedden' nhw'n chwilio lleoliadau ar gyfer eu ffilm, ac wedi cael clywed hanes y Rifleros gan wahanol westywyr. A dyma nhw, heddiw, wedi dod ar eu traws!

Ychydig flynyddoedd wedi hyn, daethom i gyd 'nôl i wneud ffilm o'r enw *Patagonia*. Roedd hi allan eleni. Ac ynddi, chwaraeais ran Archentwr o dras Gymreig o'r enw Mateo.

Opposite page: Nia Roberts and I pose on the set of *Patagonia*, with the Welsh chapel at Gaiman in the background.
Tudalen gyferbyn: Nia Roberts a minnau ar set Patagonia, gyda chapel Cymraeg y Gaiman yn y cefndir.

Top: On set again.
Uchod: Ar y set unwaith eto.

Bottom: The main road from Trelew to Esquel near Las Plumas.
Gwaelod: Yr heol fawr rhwng Trelew ac Esquel ger Las Plumas.

Photographs/*lluniau*: Ken Griffiths

ASADO

It literally means 'To roast' and is as intrinsic to Argentinian life and identity as maté.

Though lamb is the Patagonian staple, any meat can be cooked as *asado*. The rules are simple which is why I believe it's so good. Simply take a prime piece of meat, slow cook it over embers (not a flame), and serve with bread and good wine.

Like maté, an *asado* can't but help be a social occasion. The time that's needed for a lamb or two to be cooked is usually enough for the world to be put to right. And it was. Several times in fact as we sat around the fire, pontificating, philosophizing and salivating.

As only a few items could be carried on horseback, easy-to-prepare and easy-to-consume meals were essential. Little wonder, therefore, that *asado* became the core of the gauchos' diet.

There are two simple utensils for consumption: a razor-sharp knife and a piece of bread. The general style is to envelop a piece of meat with some bread, and then cut around the bread to form an instant sandwich. Others make small cuts in the meat before each bite for easier chewing. The more daring and dextrous place the meat in their mouths and *then* cut with the knife, trying not to slice the tip of their noses off. I tried this once with disastrous consequences.

We were treated to many an *asado* by hospitable hosts en route, and I never tired of them.

Method:
1   Light a big fire. Hardwood should be used.
2   Let the fire burn down to a good bed of embers. Keep a small part of the fire going, adding wood so that, as they burn, more embers can be added to your cooking embers.
3   Skewer and crucify a lamb (or desired meat) on a metal cross.
4   Stake into the ground near the embers. Heat should be such that you have to move your hand away on the third second when it's placed next to the meat.
5   Sit, drink maté, pontificate. Turn meat to cook as required until ready.

Yn llythrennol, mae'n golygu 'rhostio' ac mae mor greiddiol i fywyd a hunaniaeth yr Ariannin â maté.

Er taw cig oen yw prif fwyd Patagonia, gall unrhyw gig gael ei goginio fel *asado*. Mae'r rheolau'n syml, a dyna pam dwi'n grediniol ei fod e'n gystal pryd. Cymerwch y seigen orau o gig, ei goginio'n araf uwchben marwydos (nid fflam), a'i gweini gyda bara a gwin da.

Fel gyda maté, mae *asado* yn ddigwyddiad cymdeithasol. Mae'r amser mae'n cymryd i goginio oen neu ddau fel arfer yn berffaith ar gyfer rhoi'r byd yn ei le. Ac felly y bu hi, droeon, i ddweud y gwir, wrth i ni oiotedd o amgylch y tân yn doethinebu, athronyddu a glafoerio.

Oherwydd taw prin oedd y pethau y medrid eu cario ar gefn ceffyl, roedd prydau hawdd-eu-paratoi a hawdd-eu-bwyta yn hanfodol. Pa ryfedd, felly, i *asado* brofi'n ganolog i ddeiet y gaucho.

Mae angen dau erfyn syml i hwyluso'r bwyta: cyllell awchus a darn o fara. Y dull arferol yw i'r bara gofleidio'r cig, cyn i'r gyllell dorri o amgylch y bara i greu brechdan. Mae eraill yn torri darnau mân o gig cyn eu bwyta, er mwyn gwneud y broses gnoi yn haws. Mae'r sawl sy'n fwy dewr a deheuig yn gosod y cig yn ei geg, ac wedyn yn ei dorri â'r gyllell, gan geisio osgoi llifio pig ei drwyn wrth wneud hynny. Fe geisiais i, a thrychineb a fu!

Cawsom sawl *asado* gan sawl gwestywr croesawgar ar hyd y daith, ac ni flinais arnyn' nhw unwaith.

Dull:

1   Cynheuwch dân mawr. Pren caled yn unig.
2   Gadewch i'r tân losgi ei hun nes creu gwely da o farwydos. Cedwch beth o'r tân ynghyn – ychwanegwch bren er mwyn i'r marwydos newydd gael eu hychwanegu at y rhai sy'n coginio'r bwyd eisoes.
3   Sgiwerwch a chroeshoeliwch oen (neu unrhyw gig) ar groes fetel.
4   Gosodwch stanc yn y ddaear ger y marwydos. Dylai'r gwres fod yn ddigon i'ch gorfodi i dynnu eich llaw yn ôl ar y drydedd eiliad o'i gosod nesaf at y cig.
5   Eisteddwch, yfwch maté, doethinebwch. Trowch y cig i'w goginio tan ei fod yn barod.

OSCAR KANSAS JONES

Once he'd introduced himself, you can guess what my opening gambit was.

   'Why Kansas? Ohhhh, Grandad came from Wales to Patagonia. Left the ship too soon. Spent time in America. Kansas. Came to Patagonia – everyone called him Kansas Jones.'

Kansas was another one of those men on the jorney who would have been perfectly happy surviving in the wilderness with only his penknife and imagination to keep him company. And I think he was the first man I'd ever seen riding two horses with one hand, whilst he rolled a cigarette with the other.

When we got to journey's end in the Andes and descended into the valley that was their home, he said,

   'My heart is getting bigger as I come home.'

Here was another one who took great care of me on the road.

Wedi iddo gyflwyno ei hun, ni raid i chi ddyfalu'n hir beth oedd fy nghwestiwn cynta.

'Pam Kansas? Ooooo, taid yn dod o Gymru i Patagonia. Dod o'r llong rhy gynnar. Treulio amsar yn America. Kansas. Dod i Patagonia – pawb yn ei alw'n Kansas Jones.'

Roedd Kansas yn un arall o'r dynion hynny ar y daith a fyddai'n hollol gyffordus yn goroesi yn yr anialwch gyda dim ond ei gyllell boced a'i ddychymyg yn gwmni iddo. A dwi'n credu taw dyma'r dyn cynta i mi ei weld erioed yn marchogaeth dau geffyl ar y tro gydag un llaw tra'n rolio sigaret gyda'r llall.

Pan gyrhaeddom ben y daith yn yr Andes a disgyn lawr i'r cwm sy'n gartre iddyn' nhw, dywedodd,

'Calon fi yn mynd yn fawr yn dod adra.'

Dyma un arall a gymerodd ofal mawr ohono'i ar y daith.

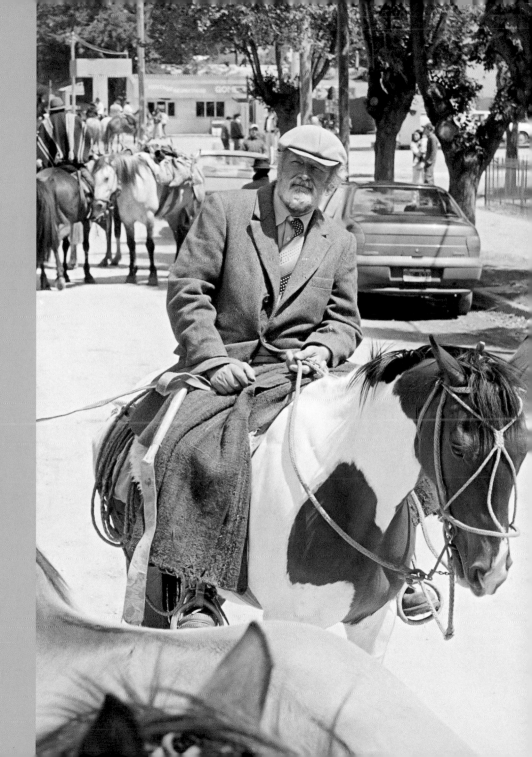

CAMPING
GWERSYLLA

A month's camping. Every night...

The only exception – by remarkable coincidence (honest) – was on my birthday, when we arrived at Los Altares, a small village, where we discovered a hostel. To my fellow travellers' dismay, I gladly paid the five pesos. I deserved some pampering, and the date was sufficient justification!

Otherwise, the nature of the camping depended on a number of elements.

If we arrived at the farm or camp in good time, we would pitch our tents – and, maybe, swim in the river, wash our clothes and watch the sunset.

Mis o wersylla oedd hwn. Bob nos...

Yr unig eithriad – a thrwy hap a damwain (onest) – oedd noson fy mhen-blwydd pan gyrhaeddom bentre bach Los Altares a darganfod fod yno hostel. Er mawr siom i'm cyd-deithwyr, talais y pum peso gyda phleser. Roeddwn yn haeddu ychydig o faldod, ac roedd y dyddiad yn ddigon o gyfiawnhad!

Fel arall, mi fyddai'r math o wersylla yn dibynnu ar nifer o elfennau.

Os cyrhaeddem y fferm neu'r gwersyll mewn da bryd, yna byddem yn codi'n pebyll – ac efallai yn ymdrochi yn yr afon, golchi dillad a gwylio'r machlud.

If we had spent twelve hours or more in the saddle, then it was simply a matter of unrolling and folding a piece of canvas, before placing a sleeping bag in the middle like a sandwich. The saddle then became a pillow, and I would be fast asleep as soon as my head touched it.

Sometimes, when hosted by farmers, we would happily accept the offer of refuge in the outhouses. In such places, every square foot was precious. The set-up was simple – first come, first served. Or, in my case, last come, not served at all! That is, apart from the night there werc vacancies in a slaughterhouse. Ironically, though I was first in, I didn't sleep a wink all night, thanks to the stench.

Many a shearing shed and barn became a sanctuary that month.

Os y byddem wedi treulio deuddeg awr neu ragor yn y cyfrwy, yna mi fyddai'n fater o ddadrolio darn o gynfas, ei blygu, a rhoi'r sach gysgu yn ei ganol fel brechdan. Gyda'r cyfrwy'n obennydd byddwn yn cysgu'r eiliad byddai fy mhen yn ei gyffwrdd.

Weithiau, pan gaem lety gan ffermwyr, ro' ni'n falch o dderbyn y cynnig o loches y tai mas. Yn y mannau hynny, roedd pob un droedfedd sgwâr yn werthfawr. Roedd y gyfundrefn yn un syml – cyntaf i'r felin gâi falu. Os felly, byddwn i wedi hen lwgu fel melinydd: roeddwn i wastad gyda'r olaf! Wel, heblaw ar y noson honno y cawsom gynnig lladd-dy fel gwesty. Ond yn eironig ddigon, er taw fi oedd y cyntaf mewn, ni chysgais yr un winc o achos yr arogl.

Do, bu sawl sied gneifio a sgubor yn gysegr y mis hwnnw.

JOURNEY'S END
PEN Y DAITH

Two things heralded the beginning of the end.

There's a saying in Welsh about wind: '*Mae 'na hen wynt diog heddi*' ('There's a lazy old wind today').
The implication is that the wind is too lazy to go around you, so it goes straight through you.
And that's a very cold wind!

Ascending a hill just past a place called Gualjaina, we rounded a corner and there they lay in front
of us. The Andes. In all their snow-tipped glory. As I sat there imagining what the original lot must
have thought the first time they spotted them, a lazy wind cut right through me. From Day One
the wind had been unabating, but never cold; now it blew straight off the back of a snow-peaked giant.

After this first sighting, everything changed. It might have been my imagination but I'm sure the horses'
pace quickened as they realised they were nearing home. Moods improved and morale grew. The closer
we got, the thicker our layers grew, and many donned beautiful goatskin chaps to keep warm.

Roedd dau arwydd o ddechrau'r diwedd.

Mae dywediad Cymraeg 'Mae 'na hen wynt diog heddi'. Yr awgrym yw ei fod e'n rhy ddiog i fynd o'ch
amgylch, felly mae'n mynd yn syth drwyddoch chi. A dyna beth yw gwynt oer!

Wrth ddringo bryn nid nepell o Gualjaina, troesom gornel a dyna lle'r oeddent. Yr Andes. Yn eu holl
ogoniant peneira. Wrth eistedd yno'n dychmygu beth aeth drwy feddyliau'r marchogion gwreiddiol pan
welsant y mynyddoedd, dyma wynt diog yn fy mrathu i'r byw. O'r cychwyn cyntaf, bu'r gwynt yn ddiatal,
ond byth yn oer; ond nawr fe chwythai'n syth oddi ar gefn y cawr penwyn.

Wedi'r olwg gyntaf hon, altrodd popeth. Falle mae dychmygu'r o'n i, ond dwi'n siwr i gam y ceffylau
gyflymu wrth iddyn' nhw synhwyro eu bod yn nesáu tua thre. Cododd yr hwyl a'r ysbryd. Ac wrth
ddynesu, âi'r dillad yn fwy trwchus, rhai hyd yn oed yn gwisgo'u *chaps* croen gafr hardd i gadw'n gynnes.

The other element that I suddenly realised had been missing from our entire journey lay right below our feet. Grass. Having covered so much arid terrain, any whisper of a stop now and there was a good chance that you'd be yanked over your horse's neck as it plunged its head down to graze.

As our days crept closer to the end, our time in the saddle became easier. The arduous part of the journey was over and the pace eased off as we knew we'd make our deadline. Camps became a little more relaxed. Horse and rider rested properly and we even had time for Pampas games while we took a break at a sheep station. A fake ostrich was erected and I was taught the intricate art of throwing *bolas*.

Dyna pryd y sylweddolais hefyd beth arall oedd wedi bod ar goll ar hyd y daith: wrth ein traed, roedd porfa! Wedi croesi cymaint o dir sych, byddai unrhyw awgrym o oedi yn siwr o'ch taflu dros wddf eich ceffyl wrth iddo blygu lawr yn awchus i bori.

Wrth i'r diwedd ddod i'r golwg, troes bywyd yn y cyfrwy ychydig yn haws. Roedd rhan lafurus y daith drosodd ac fe arafodd pethau wrth i ni sylweddoli y byddem yn cyrraedd ein dedlein. Roedd y gwersylloedd yn fwy hamddenol. Roedd amser i'r ceffyl a'i farchog orffwys, a chyfle am gemau Pampas hyd yn oed pan ddaethpwyd at ffarm ddefaid. Gweithiwyd a chodwyd estrys ffug ac fe gyflwynwyd i mi hanfodion cywrain taflu *bolas*.

Bolas are three leather-bound stones tied together with three pieces of cord. With one stone in your hand, you swing the other two above your head. You release the stone when the trajectory promises to send all three *bolas* hurtling towards the ostrich's legs, wrapping around them until the animal is brought down.

The plains Indians showed the first Welsh settlers this style of hunting, and it is said they became quite adept at it. As did Trevor. I on the other hand wasn't.

Around the camp fire, with only a few days left, someone explained how our finale would play out. We would soon arrive at Cwm Hyfryd ('Beautiful valley') – so named because this is what one of the Rifleros shouted upon its sighting.

Tair carreg yw'r *bolas*, bob un wedi ei gorchuddio gan ledr ac wedi eu clymu at ei gilydd gan dri darn o gorden. Gan gadw un garreg yng nghledr eich llaw, y gamp yw chwyrlïo'r ddwy arall uwch eich pen. Rhaid wedyn ryddhau'r garreg o'ch llaw er mwyn taflu'r *bolas* tuag at goesau'r estrys, a'i faglu i'r llawr.

Indiaid y paith a gyflwynodd y dull hwn o hela i'r gwladychwyr, a dywedir i'r Cymry ddangos cryn ddeheurwydd yn y gamp. Ac roedd Trevor yn yr olyniaeth hon, roedd hi'n amlwg. Nid felly myfi!

Gyda dim ond diwrnodau'n weddill, esboniwyd o amgylch tân y gwersyll natur diweddglo'r daith. Ro' ni ar fin cyrraedd Cwm Hyfryd (a enwyd yn sgîl y ffaith i un o'r Rifleros weiddi'r ddau air hyn wrth weld y man hwn am y tro cyntaf).

We would then camp one night at a famous old Welsh schoolhouse just outside Trevelin, where there would be a small ceremony. The next day would see us ride into Trevelin itself for a civic parade and a final welcome and congratulatory address by the mayor.

The penultimate day was probably one of the best of my life. As we began our approach to Cwm Hyfryd, the heavens opened. We all donned ponchos and made our descent into one of the most stunning valleys I've ever seen. Nantlais pointed out places where he'd herded cattle and played hide and seek with cousins. With its lush rolling hills, it could honestly have been a valley in Wales. We slurped cheap wine and basked in an overwhelming feeling of satisfaction. It might have been the exhaustion, it might have been the wine. Or it might have been because I'm a bit soft, but I became quietly emotional. I've never felt contentment like it before or since.

Byddem yn gwersylla am un noson yn yr hen ysgoldy Cymraeg enwog ar gyrion Trevelin, ac yno cynnal seremoni fechan. Drannoeth, byddem yn marchogaeth mewn i Drevelin er mwyn gorymdaith ddinesig, ac un croeso olaf ac anerchiad o longyfarchiadau gan y maer.

Y diwrnod olaf ond un oedd un o oreuon fy mywyd. Wrth gychwyn am Drevelin, torrodd holl argaeau'r nefoedd. Gwisgom ein ponchos a bwrw lawr drwy un o'r dyffrynnoedd harddaf i mi ei weld erioed. Bu Nantlais yn dangos i ni'r mannau hynny lle bu'n gyrru gwartheg ac yn chwarae cuddio gyda'i gefnderwyr. Ac wrth edrych ar y bryniau tonnog, ir, bron nad o'n i'n credu mod i yn un o gymoedd Cymru. Cawsom yfed gwin rhad ac ymhyfrydu yn foddhaus dros ben. Falle taw blinder ydoedd, falle taw'r gwin oedd ar fai. Neu falle am 'mod i braidd yn feddal, ond dechreuais deimlo ychydig yn emosiynol. Yn sicr, ni phrofais fodlonrwydd tebyg na chynt nac ers hynny.

As we rode into the school, we were greeted by families, wives and girlfriends, and a few camera crews, all shouting and applauding. The mayor shook every one of us by the hand. At a small ceremony, speeches were made, songs and anthems sung, and certificates handed out. But as the official celebrations dwindled, some sloped home for a bath as the real feeling of the end began to sink in. That night we had the mother of all asados as about seven lambs were cooked and many came to celebrate and meet up again.

Trevor, true to form, heard that some 'bad boys' from town might swing by the camp later that night, so he took his reliable revolver from his pack. It was a quiet night, thankfully.

Wrh farchogaeth i mewn i'r ysgol, fe'n croesawyd ni gan deuluoedd, gwragedd a chariadon, ynghyd â rhai criwiau camera, a phawb yn gweiddi a chymeradwyo. Bu'r maer yn ysgwyd llaw pob un ohonom. Mewn seremoni fechan, cafwyd areithiau, canwyd caneuon ac anthemau, ac fe ddosbarthwyd tystysgrifau. Ond wrth i'r dathliadau swyddogol wanhau, ciliodd sawl un adref am fath wrth i deimlad y diwedd yn deg ddechrau afael ynom. Y noson honno, cafwyd *asado* a hanner: coginiwyd saith o ŵyn, a daeth nifer yn ôl i ddathlu ac ail-gwrdd.

Roedd Trevor, wrth gwrs, wedi clywed bod 'bechgyn drwg' o'r dre'n bwriadu bwrw am y gwersyll y noson honno, felly fe gymerodd ei *revolver* o'i sach. Cafwyd noson dawel, diolch byth.

The next day we all put on our Sunday best and rode out together for the last time. It was the 25th of November. Every year in Trevelin on this date, a huge parade happens in the town to honour the Rifleros, their founding fathers, and the day that the valley was found.

We all rode in, heads held high, cheered on by crowds. As we passed the mayors of Trevelin and Aberteifi (Cardigan, a small, coastal market town in West Wales that is twinned with Trevelin), our names were announced as were the names of the original Rifleros that we were representing. I was thus both Matthew Rhys and Robert Jones, Bedol.

No one stopped once we passed the mayor and we soon found ourselves in a quiet square. A couple of quick, stoic goodbyes followed, and before I knew it, by God, they were all gone.

Drannoeth gwisgom amdanom ein dillad parch a chyd-farchogaeth am y tro ola. Dyma Dachwedd 25ain. Ar y dyddiad hwn bob blwyddyn, cynhelir gorymdaith fawr yn y dre i anrhydeddu'r Rifleros, eu sefydlwyr, a'r diwrnod y darganfuwyd y dyffryn.

Yn fintai falch i mewn â ni i'r dre, a'r dyrfa'n llawenhau. Wrth basio heibio i feiri Trevelin ac Aberteifi (ei gefeilldref Gymreig), cyhoeddwyd ein henwau ni ac enwau'r Rifleros gwreiddiol a gynrychiolwyd gennym. Felly fe rown i'n Matthew Rhys ac yn Robert Jones, Bedol.

Wedi mynd heibio i'r maer, ymlaen â ni nes cyrraedd sgwâr dawel. Dywedwyd ffarwel yn frysiog a stoicaidd, ac ymhen dim, myn Duw i, roedd pawb wedi mynd.

It's not that I would have wanted some overly emotional or exaggerated goodbye, but I don't think many realised that this was the last goodbye. In a way it was perfect.

This trip was the greatest experience of my life. For many reasons. But for one reason in particular.

After spending most of my life acting, I had now been subjected to one of the most unfeigned experiences of my life. For a month, I didn't play a part, I lived it. The dirt on my face wasn't make-up; I wasn't 'pretending' to be tired; and I'd set out to do something I wasn't entirely sure I'd accomplish. But I did.

On the last *asado*, Gabriel approached me and asked:
  'Was that not one of the most beautiful things you've ever seen?'
I'm sure he was referring to Cwm Hyfryd, but I thought about the whole trip for a moment and said,
  'Yes.'

Nid 'mod i wedi chwennych rhyw ganu iach goremosiynol neu estynedig, ond dwi'n credu nad oedd nifer ohonynt wedi sylweddoli taw hwn oedd y ffarwel olaf. Ac roedd hynny'n berffaith, mae'n debyg.

Y daith hon oedd profiad mwyaf fy mywyd i. Am sawl rheswm. Ond am un yn arbennig.

Wedi mi dreulio trwch fy oes yn actio, dyma fi wedi gorfod wynebu un o brofiadau lleia ffug fy mywyd. Am fis, nid chwarae rhan a wnes i, ond ei byw. Nid colur oedd y baw ar fy wyneb; do'n i ddim yn 'esgus' bod wedi blino, ac ro'n i wedi cychwyn ar jobyn o waith heb wybod yn iawn a fyddwn yn gallu ei gyflawni. Ond fe wnes i.

Wrth rannu'r *asado* ola, daeth Gabriel ata'i a holi:
  'Ai dyna un o'r pethau harddaf i ti ei weld erioed?'
Cyfeirio at Gwm Hyfryd ydoedd, wrth reswm, ond ro'n i'n dwyn y daith gyfan i gof wrth ei ateb,
  'Ie.'